Introduction

This Book

This vocabulary book is a curated word frequency list with 2000 of the most commonly used words and phrases. It is not a conventional all-in-one language learning book but rather strives to streamline the learning process by concentrating on early acquisition of the core vocabularies. The result is a unique vocabulary book ideal for driven learners and language hackers.

Who this book is for

This book is for beginners and intermediate learners who are self-motivated and willing to spend 15 to 20 minutes a day on learning vocabularies. The simple structure of this vocabulary book is the result of taking all unnecessary things out allowing the learning effort to solely be spent on the parts that help you make the biggest progress in the shortest amount of time. If you are willing to put in 20 minutes of learning every day, this book is very likely the single best investment you can make if you are at a beginner or intermediate level. You will be amazed at the speed of progress within a matter of just weeks of daily practice.

Who this book is not for

This book is not for you if you are an advanced learner. In this case, please go to our website or search for our vocabulary book which comes with more vocabularies and is grouped by topic which is ideal for advanced learners who want to improve their language capabilities in certain fields.

Furthermore, if you are looking for an all in one learning book that guides you through the various steps of learning a new language, this book is most likely also not what you are looking for. This book contains vocabularies only and we expect buyers to learn things like grammar and pronunciation either from other sources or through language courses. The strength of this book is its focus on quick acquisition of core vocabularies which comes at the expense of information many people might expect in a conventional language learning book. Please be aware of this when making the purchase.

How to use this book

This book is ideally used on a daily basis, reviewing a set number of pages in each session. The book is split into sections of 25 vocabularies which allows you to step by step progress through the book. Let's for example say you are currently reviewing vocabularies 101 to 200. Once you know vocabularies 101 to 125 very well, you can start learning vocabularies 201 to 225 and on the next day skip 101-125 and continue reviewing vocabularies 126 to 225. This way, step by step, you will work your way through the book and your language skills will jump with each page you master.

Pinhok Languages

Pinhok Languages strives to create language learning products that support learners around the world in their mission of learning a new language. In doing so, we combine best practice from various fields and industries to come up with innovative products and material.

The Pinhok Team hopes this book can help you with your learning process and gets you to your goal faster. Should you be interested in finding out more about us, please go to our website www.pinhok.com. For feedback, error reports, criticism or simply a quick "hi", please also go to our website and use the contact form.

Disclaimer of Liability

THIS BOOK IS PROVIDED "AS IS", WITHOUT WARRANTY OF ANY KIND, EXPRESSED OR IMPLIED, INCLUDING BUT NOT LIMITED TO THE WARRANTIES OF MERCHANTABILITY, FITNESS FOR A PARTICULAR PURPOSE AND NONINFRINGEMENT. IN NO EVENT SHALL THE AUTHORS OR COPYRIGHT HOLDERS BE LIABLE FOR ANY CLAIM, DAMAGES OR OTHER LIABILITY, WHETHER IN AN ACTION OF CONTRACT, TORT OR OTHERWISE, ARISING FROM, OUT OF OR IN CONNECTION WITH THE BOOK OR THE USE OR OTHER DEALINGS IN THE BOOK.

I	saya
you (singular)	kamu
he	dia
she	dia
it	ia
we	kami
you (plural)	kalian
they	mereka
what	apa
who	siapa
where	di mana
why	mengapa
how	bagaimana
which	yang mana
when	bila
then	kemudian
if	jika
really	betul-betul
but	tetapi
because	kerana
not	tidak
this	ini
I need this	Saya perlukan ini
How much is this?	Berapakah harga ini?
that	itu

26 - 50

all	semua
or	atau
and	dan
to know	mengetahui
I know	Saya tahu
I don't know	Saya tidak tahu
to think	berfikir
to come	datang
to put	meletak
to take	mengambil
to find	cari
to listen	mendengar
to work	bekerja
to talk	bercakap
to give (somebody something)	memberi
to like	menyukai
to help	menolong
to love	mencintai
to call	menelefon
to wait	menunggu
I like you	Saya suka awak
I don't like this	Saya tak suka ini
Do you love me?	Awak sayang saya tak?
I love you	Saya sayang kamu
0	kosong

1	satu
2	dua
3	tiga
4	empat
5	lima
6	enam
7	tujuh
8	lapan
9	sembilan
10	sepuluh
11	sebelas
12	dua belas
13	tiga belas
14	empat belas
15	lima belas
16	enam belas
17	tujuh belas
18	lapan belas
19	sembilan belas
20	dua puluh
new	baru
old (not new)	lama
few	sedikit
many	banyak
how much?	berapa banyak?

how many?	berapa banyak?
wrong	salah
correct	betul
bad	buruk
good	bagus
happy	gembira
short (length)	pendek
long	panjang
small	kecil
big	besar
there	sana
here	sini
right	kanan
left	kiri
beautiful	cantik
young	muda
old (not young)	tua
hello	helo
see you later	jumpa awak lagi
ok	ok
take care	jaga diri
don't worry	jangan risau
of course	sudah tentu
good day	hari yang baik
hi	hai

bye bye	selamat tinggal
good bye	selamat jalan
excuse me	maafkan saya
sorry	maaf
thank you	terima kasih
please	sila
I want this	Saya mahu ini
now	sekarang
afternoon	petang
morning (9:00-11:00)	pagi
night	malam
morning (6:00-9:00)	awal pagi
evening	petang
noon	tengah hari
midnight	tengah malam
hour	jam
minute	minit
second (time)	saat
day	hari
week	minggu
month	bulan
year	tahun
time	masa
date (time)	tarikh
the day before yesterday	kelmarin

yesterday	semalam
today	hari ini
tomorrow	esok
the day after tomorrow	lusa
Monday	Isnin
Tuesday	Selasa
Wednesday	Rabu
Thursday	Khamis
Friday	Jumaat
Saturday	Sabtu
Sunday	Ahad
Tomorrow is Saturday	Esok hari Sabtu
life	kehidupan
woman	perempuan
man	lelaki
love	cinta
boyfriend	teman lelaki
girlfriend	teman wanita
friend	kawan
kiss	cium
sex	seks
child	kanak-kanak
baby	bayi
girl	budak perempuan
boy	budak lelaki

mum	mak
dad	pak
mother	ibu
father	ayah
parents	ibu bapa
son	anak lelaki
daughter	anak perempuan
little sister	adik perempuan
little brother	adik lelaki
big sister	kakak
big brother	abang
to stand	berdiri
to sit	duduk
to lie	baring
to close	menutup
to open (e.g. a door)	membuka
to lose	kalah
to win	memenangi
to die	mati
to live	hidup
to turn on	menghidupkan
to turn off	mematikan
to kill	membunuh
to injure	mencederakan
to touch	menyentuh

176 - 200

to watch	menonton
to drink	minum
to eat	makan
to walk	berjalan
to meet	berjumpa
to bet	mempertaruhkan
to kiss	mencium
to follow	mengikut
to marry	mengahwini
to answer	menjawab
to ask	menanya
question	soalan
company	syarikat
business	perniagaan
job	kerja
money	duit
telephone	telefon
office	pejabat
doctor	doktor
hospital	hospital
nurse	jururawat
policeman	polis
president (of a state)	presiden
white	putih
black	hitam

red	merah
blue	biru
green	hijau
yellow	kuning
slow	lambat
quick	cepat
funny	kelakar
unfair	tidak adil
fair	adil
difficult	susah
easy	senang
This is difficult	Ini sangat susah
rich	kaya
poor	miskin
strong	kuat
weak	lemah
safe (adjective)	selamat
tired	letih
proud	bangga
full (from eating)	kenyang
sick	sakit
healthy	sihat
angry	marah
low	rendah
high	tinggi

straight (line)	lurus
every	setiap
always	sentiasa
actually	sebenarnya
again	sekali lagi
already	sudah
less	kurang
most	paling banyak
more	lebih
I want more	Saya mahu lagi
none	tiada
very	sangat
animal	haiwan
pig	babi
cow	lembu
horse	kuda
dog	anjing
sheep	biri-biri
monkey	monyet
cat	kucing
bear	beruang
chicken (animal)	ayam
duck	itik
butterfly	rama-rama
bee	lebah

fish (animal)	ikan
spider	labah-labah
snake	ular
outside	luar
inside	dalam
far	jauh
close	dekat
below	bawah
above	atas
beside	tepi
front	hadapan
back (position)	belakang
sweet	manis
sour	masam
strange	pelik
soft	lembut
hard	keras
cute	comel
stupid	bodoh
crazy	gila
busy	sibuk
tall	tinggi
short (height)	pendek
worried	risau
surprised	terkejut

cool	tenang
well-behaved	beradab
evil	jahat
clever	pandai
cold (adjective)	sejuk
hot (temperature)	panas
head	kepala
nose	hidung
hair	rambut
mouth	mulut
ear	telinga
eye	mata
hand	tangan
foot	kaki
heart	jantung
brain	otak
to pull (... open)	menarik
to push (... open)	menolak
to press (a button)	menekan
to hit	memukul
to catch	menangkap
to fight	melawan
to throw	membaling
to run	berlari
to read	membaca

to write	menulis
to fix	memperbaiki
to count	menghitung
to cut	memotong
to sell	menjual
to buy	membeli
to pay	membayar
to study	mempelajari
to dream	bermimpi
to sleep	tidur
to play	bermain
to celebrate	merayakan
to rest	berehat
to enjoy	menikmati
to clean	membersihkan
school	sekolah
house	rumah
door	pintu
husband	suami
wife	isteri
wedding	perkahwinan
person	orang
car	kereta
home	rumah
city	bandar

number	nombor
21	dua puluh satu
22	dua puluh dua
26	dua puluh enam
30	tiga puluh
31	tiga puluh satu
33	tiga puluh tiga
37	tiga puluh tujuh
40	empat puluh
41	empat puluh satu
44	empat puluh empat
48	empat puluh lapan
50	lima puluh
51	lima puluh satu
55	lima puluh lima
59	lima puluh sembilan
60	enam puluh
61	enam puluh satu
62	enam puluh dua
66	enam puluh enam
70	tujuh puluh
71	tujuh puluh satu
73	tujuh puluh tiga
77	tujuh puluh tujuh
80	lapan puluh

81	lapan puluh satu
84	lapan puluh empat
88	lapan puluh lapan
90	sembilan puluh
91	sembilan puluh satu
95	sembilan puluh lima
99	sembilan puluh sembilan
100	seratus
1000	seribu
10.000	sepuluh ribu
100.000	seratus ribu
1.000.000	sejuta
my dog	anjing saya
your cat	kucing kamu
her dress	baju dia
his car	kereta dia
its ball	bola ia
our home	rumah kami
your team	kumpulan kalian
their company	syarikat mereka
everybody	semua orang
together	bersama
other	lain
doesn't matter	tidak mengapa
cheers	kampai

relax	rileks
I agree	saya setuju
welcome	selamat datang
no worries	baiklah
turn right	belok kanan
turn left	belok kiri
go straight	pergi terus
Come with me	Ikut saya
egg	telur
cheese	keju
milk	susu
fish (to eat)	ikan
meat	daging
vegetable	sayur
fruit	buah
bone (food)	tulang
oil	minyak
bread	roti
sugar	gula
chocolate	coklat
candy	gula-gula
cake	kek
drink	minuman
water	air
soda	soda

401 - 425

coffee	kopi
tea	teh
beer	bir
wine	wain
salad	salad
soup	sup
dessert	pencuci mulut
breakfast	sarapan pagi
lunch	makan tengah hari
dinner	makan malam
pizza	piza
bus	bas
train	kereta api
train station	stesen kereta api
bus stop	perhentian bas
plane	kapal terbang
ship	kapal
lorry	lori
bicycle	basikal
motorcycle	motosikal
taxi	teksi
traffic light	lampu isyarat
car park	tempat letak kereta
road	jalan
clothing	pakaian

shoe	kasut
coat	kot
sweater	baju sejuk
shirt	baju kemeja
jacket	jaket
suit	sut
trousers	seluar panjang
dress	pakaian
T-shirt	baju kemeja-T
sock	stokin
bra	bra
underpants	seluar dalam
glasses	cermin mata
handbag	beg tangan
purse	beg duit
wallet	dompet
ring	cincin
hat	topi
watch	jam tangan
pocket	poket
What's your name?	Apa nama awak?
My name is David	Nama saya David
I'm 22 years old	Saya berumur 22 tahun
How are you?	Apa khabar?
Are you ok?	Awak ok?

451 - 475

Where is the toilet?	Dimanakah tandas?
I miss you	Saya rindu kamu
spring	musim bunga
summer	musim panas
autumn	musim luruh
winter	musim sejuk
January	Januari
February	Februari
March	Mac
April	April
May	Mei
June	Jun
July	Julai
August	Ogos
September	September
October	Oktober
November	November
December	Disember
shopping	beli-belah
bill	bil
market	pasar
supermarket	pasar raya
building	bangunan
apartment	pangsapuri
university	universiti

farm	ladang
church	gereja
restaurant	restoran
bar	bar
gym	gim
park	taman
toilet (public)	tandas
map	peta
ambulance	ambulan
police	polis
gun	pistol
firefighters	bomba
country	negara
suburb	pinggir bandar
village	kampung
health	kesihatan
medicine	ubat
accident	kemalangan
patient	pesakit
surgery	pembedahan
pill	pil
fever	demam
cold (sickness)	selesema
wound	kesan luka
appointment	temujanji

cough	batuk
neck	leher
bottom	punggung
shoulder	bahu
knee	lutut
leg	kaki
arm	lengan
belly	perut
bosom	payudara
back (part of body)	bahagian belakang
tooth	gigi
tongue	lidah
lip	bibir
finger	jari
toe	jari kaki
stomach	perut
lung	paru-paru
liver	hati
nerve	saraf
kidney	buah pinggang
intestine	usus
colour	warna
orange (colour)	oren
grey	kelabu
brown	coklat

pink	merah jambu
boring	membosankan
heavy	berat
light (weight)	ringan
lonely	kesepian
hungry	lapar
thirsty	dahaga
sad	sedih
steep	curam
flat	rata
round	bulat
square (adjective)	persegi
narrow	sempit
broad	lebar
deep	dalam
shallow	cetek
huge	sangat besar
north	utara
east	timur
south	selatan
west	barat
dirty	kotor
clean	bersih
full (not empty)	penuh
empty	kosong

expensive	mahal
cheap	murah
dark	gelap
light (colour)	cerah
sexy	seksi
lazy	malas
brave	berani
generous	pemurah
handsome	kacak
ugly	hodoh
silly	mengarut
friendly	mesra
guilty	bersalah
blind	buta
drunk	mabuk
wet	basah
dry	kering
warm	suam
loud	bising
quiet	senyap
silent	sepi
kitchen	dapur
bathroom	bilik mandi
living room	ruang tamu
bedroom	bilik tidur

garden	taman
garage	garaj
wall	dinding
basement	bilik bawah tanah
toilet (at home)	tandas
stairs	tangga
roof	bumbung
window (building)	tingkap
knife	pisau
cup (for hot drinks)	cawan
glass	gelas
plate	pinggan
cup (for cold drinks)	cawan
garbage bin	tong sampah
bowl	mangkuk
TV set	set TV
desk	meja
bed	katil
mirror	cermin
shower	bilik mandi hujan
sofa	sofa
picture	gambar
clock	jam
table	meja
chair	kerusi

swimming pool (garden)	kolam renang
bell	loceng
neighbour	jiran
to fail	gagal
to choose	memilih
to shoot	menembak
to vote	mengundi
to fall	terjatuh
to defend	mempertahankan
to attack	menyerang
to steal	mencuri
to burn	membakar
to rescue	menyelamatkan
to smoke	merokok
to fly	menerbangkan
to carry	membawa
to spit	meludah
to kick	menendang
to bite	menggigit
to breathe	bernafas
to smell	menghidu
to cry	menangis
to sing	menyanyi
to smile	senyum
to laugh	ketawa

to grow	membesar
to shrink	mengecut
to argue	bertengkar
to threaten	mengugut
to share	berkongsi
to feed	memberi makan
to hide	bersembunyi
to warn	memberi amaran
to swim	berenang
to jump	melompat
to roll	berguling
to lift	mengangkat
to dig	menggali
to copy	menyalin
to deliver	menghantar
to look for	mencari
to practice	berlatih
to travel	mengembara
to paint	mengecat
to take a shower	mandi
to open (unlock)	membuka
to lock	mengunci
to wash	membasuh
to pray	berdoa
to cook	memasak

book	buku
library	perpustakaan
homework	kerja rumah
exam	peperiksaan
lesson	pelajaran
science	sains
history	sejarah
art	seni
English	bahasa Inggeris
French	bahasa Perancis
pen	pen
pencil	pensel
3%	tiga peratus
first	pertama
second (2nd)	kedua
third	ketiga
fourth	keempat
result	hasil
square (shape)	segi empat sama
circle	bulat
area	keluasan
research	penyelidikan
degree	ijazah
bachelor	sarjana muda
master	ijazah sarjana

x < y	x lebih kecil daripada y
x > y	x lebih besar daripada y
stress	stres
insurance	insurans
staff	kakitangan
department	jabatan
salary	gaji
address	alamat
letter (post)	surat
captain	kapten
detective	detektif
pilot	juruterbang
professor	profesor
teacher	guru
lawyer	peguam
secretary	setiausaha
assistant	penolong
judge	hakim
director	pengarah
manager	pengurus
cook	tukang masak
taxi driver	pemandu teksi
bus driver	pemandu bas
criminal	penjenayah
model	model

artist	artis
telephone number	nombor telefon
signal (of phone)	isyarat
app	aplikasi
chat	bilik sembang
file	fail
url	url
e-mail address	alamat e-mel
website	laman sesawang
e-mail	e-mel
mobile phone	telefon bimbit
law	undang-undang
prison	penjara
evidence	bahan bukti
fine	denda
witness	saksi
court	mahkamah
signature	tandatangan
loss	rugi
profit	untung
customer	pelanggan
amount	jumlah
credit card	kad kredit
password	kata laluan
cash machine	mesin duit

swimming pool (competition)	kolam renang
power	kuasa
camera	kamera
radio	radio
present (gift)	hadiah
bottle	botol
bag	beg
key	kunci
doll	anak patung
angel	malaikat
comb	sikat
toothpaste	ubat gigi
toothbrush	berus gigi
shampoo	syampu
cream (pharmaceutical)	krim
tissue	tisu
lipstick	gincu
TV	televisyen
cinema	pawagam
news	berita
seat	tempat duduk
ticket	tiket
screen (cinema)	skrin
music	muzik
stage	pentas

audience	penonton
painting	lukisan
joke	jenaka
article	artikel
newspaper	surat khabar
magazine	majalah
advertisement	iklan
nature	alam
ash	abu
fire (general)	api
diamond	berlian
moon	bulan
earth	bumi
sun	matahari
star	bintang
planet	planet
universe	alam semesta
coast	pantai
lake	tasik
forest	hutan
desert (dry place)	padang pasir
hill	bukit
rock (stone)	batu
river	sungai
valley	lembah

mountain	gunung
island	pulau
ocean	lautan
sea	laut
weather	cuaca
ice	ais
snow	salji
storm	ribut
rain	hujan
wind	angin
plant	tumbuhan
tree	pokok
grass	rumput
rose	bunga mawar
flower	bunga
gas	gas
metal	logam
gold	emas
silver	perak
Silver is cheaper than gold	Perak lebih murah daripada emas
Gold is more expensive than silver	Emas lebih mahal daripada perak
holiday	percutian
member	ahli
hotel	hotel
beach	pantai

guest	tetamu
birthday	hari jadi
Christmas	Hari Natal
New Year	Tahun baru
Easter	Easter
uncle	bapa saudara
aunt	ibu saudara
grandmother (paternal)	nenek
grandfather (paternal)	datuk
grandmother (maternal)	nenek
grandfather (maternal)	datuk
death	kematian
grave	kubur
divorce	perceraian
bride	pengantin perempuan
groom	pengantin lelaki
101	seratus satu
105	seratus lima
110	seratus sepuluh
151	seratus lima puluh satu
200	dua ratus
202	dua ratus dua
206	dua ratus enam
220	dua ratus dua puluh
262	dua ratus enam puluh dua

300	tiga ratus
303	tiga ratus tiga
307	tiga ratus tujuh
330	tiga ratus tiga puluh
373	tiga ratus tujuh puluh tiga
400	empat ratus
404	empat ratus empat
408	empat ratus lapan
440	empat ratus empat puluh
484	empat ratus lapan puluh empat
500	lima ratus
505	lima ratus lima
509	lima ratus sembilan
550	lima ratus lima puluh
595	lima ratus sembilan puluh lima
600	enam ratus
601	enam ratus satu
606	enam ratus enam
616	enam ratus enam belas
660	enam ratus enam puluh
700	tujuh ratus
702	tujuh ratus dua
707	tujuh ratus tujuh
727	tujuh ratus dua puluh tujuh
770	tujuh ratus tujuh puluh

800	lapan ratus
803	lapan ratus tiga
808	lapan ratus lapan
838	lapan ratus tiga puluh lapan
880	lapan ratus lapan puluh
900	sembilan ratus
904	sembilan ratus empat
909	sembilan ratus sembilan
949	sembilan ratus empat puluh sembilan
990	sembilan ratus sembilan puluh
tiger	harimau
mouse (animal)	tikus
rat	tikus besar
rabbit	arnab
lion	singa
donkey	keldai
elephant	gajah
bird	burung
cockerel	ayam jantan
pigeon	burung merpati
goose	angsa
insect	serangga
bug	pepijat
mosquito	nyamuk
fly	lalat

ant	semut
whale	ikan paus
shark	ikan yu
dolphin	lumba-lumba
snail	siput
frog	katak
often	selalu
immediately	segera
suddenly	tiba-tiba
although	walaupun
gymnastics	gimnastik
tennis	tenis
running	berlari
cycling	berbasikal
golf	golf
ice skating	luncur ais
football	bola sepak
basketball	bola keranjang
swimming	renang
diving (under the water)	menyelam
hiking	mendaki
United Kingdom	United Kingdom
Spain	Sepanyol
Switzerland	Switzerland
Italy	Itali

France	Perancis
Germany	Jerman
Thailand	Thailand
Singapore	Singapura
Russia	Rusia
Japan	Jepun
Israel	Israel
India	India
China	China
The United States of America	Amerika Syarikat
Mexico	Mexico
Canada	Kanada
Chile	Chile
Brazil	Brazil
Argentina	Argentina
South Africa	Afrika Selatan
Nigeria	Nigeria
Morocco	Maghribi
Libya	Libya
Kenya	Kenya
Algeria	Algeria
Egypt	Mesir
New Zealand	New Zealand
Australia	Australia
Africa	Afrika

Europe	Eropah
Asia	Asia
America	Amerika
quarter of an hour	suku jam
half an hour	setengah jam
three quarters of an hour	tiga suku jam
1:00	pukul satu
2:05	pukul dua lima minit
3:10	pukul tiga sepuluh minit
4:15	pukul empat suku
5:20	pukul lima dua puluh minit
6:25	pukul enam dua puluh lima minit
7:30	pukul tujuh setengah
8:35	pukul lapan tiga puluh lima minit
9:40	pukul sembilan empat puluh minit
10:45	pukul sepuluh empat puluh lima minit
11:50	pukul sebelas lima puluh minit
12:55	pukul dua belas lima puluh lima minit
one o'clock in the morning	pukul satu pagi
two o'clock in the afternoon	pukul dua petang
last week	minggu lepas
this week	minggu ini
next week	minggu depan
last year	tahun lepas
this year	tahun ini

next year	tahun depan
last month	bulan lepas
this month	bulan ini
next month	bulan depan
2014-01-01	satu Januari dua ribu empat belas
2003-02-25	dua puluh lima Februari dua ribu tiga
1988-04-12	dua belas April sembilan belas lapan puluh lapan
1899-10-13	tiga belas Oktober lapan belas sembilan puluh sembilan
1907-09-30	tiga puluh September sembilan belas kosong tujuh
2000-12-12	dua belas Disember dua ribu
forehead	dahi
wrinkle	kedut
chin	dagu
cheek	pipi
beard	janggut
eyelashes	bulu mata
eyebrow	bulu kening
waist	pinggang
nape	tengkuk
chest	dada
thumb	ibu jari
little finger	jari kelingking
ring finger	jari manis
middle finger	jari tengah
index finger	jari telunjuk

wrist	pergelangan tangan
fingernail	kuku
heel	tumit
spine	tulang belakang
muscle	otot
bone (part of body)	tulang
skeleton	rangka
rib	tulang rusuk
vertebra	tulang vertebra
bladder	pundi kencing
vein	vena
artery	arteri
vagina	faraj
sperm	sperma
penis	zakar
testicle	buah zakar
juicy	berair
hot (spicy)	pedas
salty	masin
raw	mentah
boiled	mendidih
shy	malu
greedy	tamak
strict	tegas
deaf	pekak

mute	bisu
chubby	montel
skinny	kurus
plump	gemuk
slim	lampai
sunny	cerah
rainy	hujan
foggy	berkabus
cloudy	mendung
windy	berangin
panda	panda
goat	kambing
polar bear	beruang kutub
wolf	serigala
rhino	badak sumbu
koala	koala
kangaroo	kanggaru
camel	unta
hamster	hamster
giraffe	zirafah
squirrel	tupai
fox	musang
leopard	harimau bintang
hippo	badak air
deer	rusa

bat	kelawar
raven	burung gagak
stork	burung botak
swan	angsa putih
seagull	burung camar
owl	burung hantu
eagle	burung helang
penguin	burung penguin
parrot	burung kakak tua
termite	anai-anai
moth	kupu-kupu
caterpillar	ulat bulu
dragonfly	pepatung
grasshopper	belalang
squid	sotong
octopus	sotong kurita
sea horse	kuda laut
turtle	penyu
shell	kerang
seal	anjing laut
jellyfish	ubur-ubur
crab	ketam
dinosaur	dinosaur
tortoise	kura-kura
crocodile	buaya

marathon	maraton
triathlon	triatlon
table tennis	pingpong
weightlifting	angkat berat
boxing	tinju
badminton	badminton
figure skating	luncur ais berbunga
snowboarding	luncur papan salji
skiing	ski
cross-country skiing	ski merentas desa
ice hockey	hoki ais
volleyball	bola tampar
handball	bola baling
beach volleyball	bola tampar pantai
rugby	ragbi
cricket	kriket
baseball	besbol
American football	bola sepak Amerika
water polo	polo air
diving (into the water)	terjun papan anjal
surfing	luncur air
sailing	sukan pelayaran
rowing	sukan mendayung
car racing	lumba kereta
rally racing	lumba rali

motorcycle racing	lumba motosikal
yoga	yoga
dancing	menari
mountaineering	mendaki gunung
parachuting	sukan payung terjun
skateboarding	luncur papan selaju
chess	catur
poker	poker
climbing	panjat dinding
bowling	boling
billiards	biliard
ballet	balet
warm-up	pemanasan badan
stretching	regangan
sit-ups	bangkit tubi
push-up	tekan tubi
sauna	sauna
exercise bike	basikal senaman
treadmill	mesin larian
1001	seribu satu
1012	seribu dua belas
1234	seribu dua ratus tiga puluh empat
2000	dua ribu
2002	dua ribu dua
2023	dua ribu dua puluh tiga

2345	dua ribu tiga ratus empat puluh lima
3000	tiga ribu
3003	tiga ribu tiga
4000	empat ribu
4045	empat ribu empat puluh lima
5000	lima ribu
5678	lima ribu enam ratus tujuh puluh lapan
6000	enam ribu
7000	tujuh ribu
7890	tujuh ribu lapan ratus sembilan puluh
8000	lapan ribu
8901	lapan ribu sembilan ratus satu
9000	sembilan ribu
9090	sembilan ribu sembilan puluh
10.001	sepuluh ribu satu
20.020	dua puluh ribu dua puluh
30.300	tiga puluh ribu tiga ratus
44.000	empat puluh empat ribu
10.000.000	sepuluh juta
100.000.000	seratus juta
1.000.000.000	sebilion
10.000.000.000	sepuluh bilion
100.000.000.000	seratus bilion
1.000.000.000.000	setrilion
to gamble	mempertaruhkan

to gain weight	meningkatkan berat
to lose weight	mengurangkan berat
to vomit	memuntahkan
to shout	menjerit
to stare	merenung
to faint	pengsan
to swallow	menelan
to shiver	menggigil
to give a massage	mengurut
to climb	memanjat
to quote	memetik
to print	mencetak
to scan	mengimbas
to calculate	mengira
to earn	memperoleh
to measure	mengukur
to vacuum	memvakum
to dry	mengeringkan
to boil	mendidihkan
to fry	menggoreng
elevator	lif
balcony	balkoni
floor	lantai
attic	loteng
front door	pintu depan

corridor	koridor
second basement floor	tingkat bawah tanah kedua
first basement floor	tingkat bawah tanah pertama
ground floor	tingkat bawah
first floor	tingkat satu
fifth floor	tingkat lima
chimney	cerobong
fan	kipas
air conditioner	penghawa dingin
coffee machine	mesin pembuat kopi
toaster	pemanggang roti
vacuum cleaner	penyedut habuk
hairdryer	pengering rambut
kettle	cerek
dishwasher	mesin basuh pinggan mangkuk
cooker	periuk masak
oven	ketuhar
microwave	ketuhar gelombang mikro
fridge	peti sejuk
washing machine	mesin basuh
heating	pemanas
remote control	alat kawalan jauh
sponge	span
wooden spoon	sudu kayu
chopstick	penyepit

cutlery	peralatan makan
spoon	sudu
fork	garpu
ladle	senduk
pot	periuk
pan	kuali leper
light bulb	mentol
alarm clock	jam loceng
safe (for money)	peti besi
bookshelf	rak buku
curtain	langsir
mattress	tilam
pillow	bantal
blanket	selimut
shelf	rak
drawer	laci
wardrobe	almari pakaian
bucket	baldi
broom	penyapu
washing powder	serbuk pencuci
scale	penimbang
laundry basket	bakul baju kotor
bathtub	tab mandi
bath towel	tuala mandi
soap	sabun

toilet paper	tisu tandas
towel	tuala
basin	sinki
stool	kerusi bar
light switch	suis lampu
calendar	kalendar
power outlet	alur keluar kuasa
carpet	karpet
saw	gergaji
axe	kapak
ladder	tangga
hose	hos paip
shovel	penyodok
shed	bangsal
pond	kolam
mailbox (for letters)	peti surat
fence	pagar
deck chair	kerusi dek
ice cream	ais krim
cream (food)	krim
butter	mentega
yoghurt	yogurt
fishbone	tulang ikan
tuna	ikan tuna
salmon	ikan salmon

lean meat	daging tanpa lemak
fat meat	daging berlemak
ham	ham
salami	salami
bacon	bakon
steak	daging stik
sausage	sosej
turkey	daging ayam belanda
chicken (meat)	daging ayam
beef	daging lembu
pork	daging babi
lamb	daging kambing
pumpkin	labu
mushroom	cendawan
truffle	trufel
garlic	bawang putih
leek	bawang perai
ginger	halia
aubergine	terung
sweet potato	keledek
carrot	lobak merah
cucumber	timun
chili	cili
pepper (vegetable)	lada benggala
onion	bawang

potato	kentang
cauliflower	kubis bunga
cabbage	kubis
broccoli	brokoli
lettuce	daun salad
spinach	bayam
bamboo (food)	buluh
corn	jagung
celery	saderi
pea	kacang pis
bean	kacang
pear	pir
apple	epal
peel	kupas
pit	biji
olive	zaitun
date (food)	kurma
fig	ara
coconut	kelapa
almond	badam
hazelnut	kacang hazel
peanut	kacang tanah
banana	pisang
mango	mangga
kiwi	kiwi

avocado	alpukat
pineapple	nenas
water melon	tembikai
grape	anggur
sugar melon	tembikai susu
raspberry	raspberi
blueberry	beri biru
strawberry	strawberi
cherry	ceri
plum	plum
apricot	aprikot
peach	pic
lemon	lemon
grapefruit	limau gedang
orange (food)	oren
tomato	tomato
mint	pudina
lemongrass	serai
cinnamon	kayu manis
vanilla	vanila
salt	garam
pepper (spice)	lada
curry	kari
tobacco	tembakau
tofu	tauhu

vinegar	cuka
noodle	mi
soy milk	susu soya
flour	tepung
rice	beras
oat	oat
wheat	gandum
soy	soya
nut	kacang
scrambled eggs	telur hancur
porridge	bubur
cereal	bijirin
honey	madu
jam	jem
chewing gum	gula-gula getah
apple pie	pai epal
waffle	wafel
pancake	lempeng
cookie	biskut
pudding	puding
muffin	mufin
doughnut	donat
energy drink	minuman tenaga
orange juice	jus oren
apple juice	jus epal

milkshake	susu kocak
coke	coke
lemonade	lemonad
hot chocolate	coklat panas
milk tea	teh susu
green tea	teh hijau
black tea	teh hitam
tap water	air paip
cocktail	koktel
champagne	champagne
rum	rum
whiskey	wiski
vodka	vodka
buffet	bufet
tip	tip
menu	menu
seafood	makanan laut
snack	snek
side dish	hidangan sampingan
spaghetti	spageti
roast chicken	ayam panggang
potato salad	salad kentang
mustard	biji sawi
sushi	sushi
popcorn	bertih jagung

1351 - 1375

nachos	nachos
chips	kerepek
French fries	kentang goreng
chicken wings	kepak ayam
mayonnaise	mayonis
tomato sauce	sos tomato
sandwich	sandwic
hot dog	hot dog
burger	burger
booking	tempahan
hostel	asrama
visa	visa
passport	pasport
diary	diari
postcard	poskad
backpack	beg sandang
campfire	unggun api
sleeping bag	beg tidur
tent	khemah
camping	perkhemahan
membership	keahlian
reservation	tempahan
dorm room	bilik asrama
double room	bilik berkembar
single room	bilik bujang

luggage	bagasi
lobby	lobi
decade	dekad
century	abad
millennium	milenium
Thanksgiving	Kesyukuran
Halloween	Halloween
Ramadan	Ramadan
grandchild	cucu
siblings	adik beradik
mother-in-law	ibu mertua
father-in-law	bapa mertua
granddaughter	cucu perempuan
grandson	cucu lelaki
son-in-law	menantu lelaki
daughter-in-law	menantu perempuan
nephew	anak saudara lelaki
niece	anak saudara perempuan
cousin (female)	sepupu perempuan
cousin (male)	sepupu lelaki
cemetery	tanah perkuburan
gender	jantina
urn	bekas abu mayat
orphan	anak yatim
corpse	mayat

coffin	keranda
retirement	persaraan
funeral	pengebumian
honeymoon	bulan madu
wedding ring	cincin perkahwinan
lovesickness	mabuk cinta
vocational training	latihan vokasional
high school	sekolah menengah
junior school	sekolah rendah
twins	kembar
primary school	sekolah rendah
kindergarten	tadika
birth	kelahiran
birth certificate	sijil kelahiran
hand brake	brek tangan
battery	bateri
motor	motor
windscreen wiper	pengelap cermin hadapan
GPS	GPS
airbag	beg udara
horn	hon
clutch	klac
brake	brek
throttle	pendikit
steering wheel	roda stereng

petrol	petrol
diesel	diesel
seatbelt	tali pinggang keledar
bonnet	bonet
tyre	tayar
rear trunk	but kereta
railtrack	landasan kereta api
ticket vending machine	mesin tiket
ticket office	pejabat tiket
subway	kereta api bawah tanah
high-speed train	kereta api berkelajuan tinggi
locomotive	lokomotif
platform	platform
tram	trem
school bus	bas sekolah
minibus	bas mini
fare	tambang
timetable	jadual waktu
airport	lapangan terbang
departure	perlepasan
arrival	ketibaan
customs	kastam
airline	syarikat penerbangan
helicopter	helikopter
check-in desk	kaunter daftar

carry-on luggage	bagasi kabin
first class	kelas pertama
economy class	kelas ekonomi
business class	kelas perniagaan
emergency exit (on plane)	pintu kecemasan
aisle	lorong
window (in plane)	tingkap
row	barisan
wing	sayap
engine	enjin
cockpit	kokpit
life jacket	jaket keselamatan
container	kontena
submarine	kapal selam
cruise ship	kapal persiaran
container ship	kapal kontena
yacht	kapal layar
ferry	feri
harbour	pelabuhan
lifeboat	bot penyelamat
radar	radar
anchor	sauh
life buoy	boya keselamatan
street light	lampu jalan
pavement	laluan pejalan kaki

petrol station	stesen minyak
construction site	tapak pembinaan
speed limit	had laju
pedestrian crossing	lintasan pejalan kaki
one-way street	jalan sehala
toll	tol
intersection	persimpangan
traffic jam	kesesakan lalu lintas
motorway	lebuhraya
tank	kereta kebal
road roller	penggelek jalan
excavator	penggali
tractor	traktor
air pump	pam angin
chain	rantai
jack	jek kereta
trailer	treler
motor scooter	skuter
cable car	kereta kabel
guitar	gitar
drums	gendang
keyboard (music)	papan nada
trumpet	trompet
piano	piano
saxophone	saksofon

violin	biola
concert	konsert
note (music)	nada
opera	opera
orchestra	orkestra
rap	rap
classical music	muzik klasik
folk music	muzik rakyat
rock (music)	rock
pop	pop
jazz	jaz
theatre	teater
brush (to paint)	berus
samba	samba
rock 'n' roll	rock n roll
Viennese waltz	waltz Viennese
tango	tango
salsa	salsa
alphabet	abjad
novel	novel
text	teks
heading	tajuk
character	watak
letter (like a, b, c)	huruf
content	kandungan

1526 - 1550

photo album	album gambar
comic book	buku komik
sports ground	padang sukan
dictionary	kamus
term	penggal
notebook	buku nota
blackboard	papan hitam
schoolbag	beg sekolah
school uniform	uniform sekolah
geometry	geometri
politics	politik
philosophy	falsafah
economics	ekonomi
physical education	pendidikan jasmani
biology	biologi
mathematics	matematik
geography	geografi
literature	kesusasteraan
Arabic	bahasa Arab
German	bahasa Jerman
Japanese	bahasa Jepun
Mandarin	bahasa Mandarin
Spanish	bahasa Sepanyol
chemistry	kimia
physics	fizik

ruler	pembaris
rubber	pemadam
scissors	gunting
adhesive tape	pita pelekat
glue	gam
ball pen	bolpen
paperclip	klip kertas
100%	seratus peratus
0%	kosong peratus
cubic meter	meter padu
square meter	meter persegi
mile	batu
meter	meter
decimeter	desimeter
centimeter	sentimeter
millimeter	milimeter
addition	penambahan
subtraction	penolakan
multiplication	pendaraban
division	pembahagian
fraction	pecahan
sphere	sfera
width	lebar
height	tinggi
volume	isi padu

1576 - 1600

curve	lengkung
angle	sudut
straight line	garis lurus
pyramid	piramid
cube	kubus
rectangle	segi empat tepat
triangle	segi tiga
radius	jejari
watt	watt
ampere	ampere
volt	volt
force	daya
liter	liter
milliliter	mililiter
ton	tan
kilogram	kilogram
gram	gram
magnet	magnet
microscope	mikroskop
funnel	corong
laboratory	makmal
canteen	kantin
lecture	kuliah
scholarship	biasiswa
diploma	diploma

lecture theatre	bilik kuliah
3.4	tiga poin empat
3 to the power of 5	tiga kuasa lima
4 / 2	empat bahagi dua
1 + 1 = 2	satu tambah satu sama dengan dua
full stop	noktah
6^3	enam kuasa tiga
4^2	empat kuasa dua
contact@pinhok.com	contact at pinhok titik com
&	dan
/	tanda slash
()	tanda kurungan
semicolon	koma bertitik
comma	koma
colon	titik bertindih
www.pinhok.com	www titik pinhok titik com
underscore	garis bawah
hyphen	sempang
3 - 2	tiga tolak dua
apostrophe	koma atas
2 x 3	dua darab tiga
1 + 2	satu tambah dua
exclamation mark	tanda seru
question mark	tanda soal
space	ruang

soil	tanah
lava	lahar
coal	arang
sand	pasir
clay	tanah liat
rocket	roket
satellite	satelit
galaxy	galaksi
asteroid	asteroid
continent	benua
equator	khatulistiwa
South Pole	Kutub Selatan
North Pole	Kutub Utara
stream	anak sungai
rainforest	hutan hujan
cave	gua
waterfall	air terjun
shore	pantai
glacier	glasier
earthquake	gempa bumi
crater	kawah
volcano	gunung berapi
canyon	ngarai
atmosphere	atmosfera
pole	kutub

12 °C	dua belas darjah Celsius
0 °C	kosong darjah Celsius
-2 °C	negatif dua darjah Celcius
Fahrenheit	Fahrenheit
centigrade	Celsius
tornado	puting beliung
flood	banjir
fog	kabus
rainbow	pelangi
thunder	petir
lightning	kilat
thunderstorm	ribut petir
temperature	suhu
typhoon	taufan
hurricane	hurikan
cloud	awan
sunshine	cahaya matahari
bamboo (plant)	pokok buluh
palm tree	pokok sawit
branch	dahan
leaf	daun
root	akar
trunk	batang
cactus	kaktus
sunflower	bunga matahari

1676 - 1700

seed	benih
blossom	berbunga
stalk	tangkai
plastic	plastik
carbon dioxide	karbon dioksida
solid	pepejal
fluid	cecair
atom	atom
iron	besi
oxygen	oksigen
flip-flops	selipar
leather shoes	kasut kulit
high heels	kasut tumit tinggi
trainers	kasut sukan
raincoat	baju hujan
jeans	seluar jean
skirt	skirt
shorts	seluar pendek
pantyhose	stoking wanita
thong	thong
panties	seluar dalam wanita
crown	mahkota
tattoo	tatu
sunglasses	cermin mata hitam
umbrella	payung

earring	anting-anting
necklace	rantai leher
baseball cap	topi besbol
belt	tali pinggang
tie	tali leher
knit cap	topi musim sejuk
scarf	selendang
glove	sarung tangan
swimsuit	baju renang
bikini	bikini
swim trunks	seluar renang
swim goggles	gogal
barrette	pin rambut
brunette	coklat
blond	perang
bald head	botak
straight (hair)	lurus
curly	kerinting
button	butang
zipper	zip
sleeve	lengan baju
collar	kolar
polyester	poliester
silk	sutera
cotton	kapas

wool	bulu
changing room	bilik persalinan
face mask	masker muka
perfume	minyak wangi
tampon	tampon
nail scissors	gunting kuku
nail clipper	pemotong kuku
hair gel	gel rambut
shower gel	gel mandian
condom	kondom
shaver	mesin pencukur
razor	pisau cukur
sunscreen	krim pelindung matahari
face cream	krim muka
brush (for cleaning)	berus
nail polish	pengilat kuku
lip gloss	pengilat bibir
nail file	pengikir kuku
foundation	bedak asas
mascara	maskara
eye shadow	pembayang mata
warranty	waranti
bargain	murah
cash register	mesin daftar tunai
basket	bakul

shopping mall	pusat membeli-belah
pharmacy	farmasi
skyscraper	pencakar langit
castle	istana
embassy	kedutaan
synagogue	sinagog
temple	kuil
factory	kilang
mosque	masjid
town hall	dewan perbandaran
post office	pejabat pos
fountain	air pancut
night club	kelab malam
bench	bangku
golf course	padang golf
football stadium	stadium bola sepak
swimming pool (building)	kolam renang
tennis court	gelanggang tenis
tourist information	maklumat pelancong
casino	kasino
art gallery	galeri seni
museum	muzium
national park	taman negara
tourist guide	pemandu pelancong
souvenir	cenderahati

1776 - 1800

alley	lorong
dam	empangan
steel	keluli
crane	kren
concrete	konkrit
scaffolding	perancah
brick	bata
paint	cat
nail	paku
screwdriver	pemutar skru
tape measure	pita pengukur
pincers	ragum
hammer	tukul
drilling machine	mesin gerudi
aquarium	akuarium
water slide	gelongsor air
roller coaster	roller coaster
water park	taman tema air
zoo	zoo
playground	taman permainan
slide	gelongsor
swing	buaian
sandbox	kotak pasir
helmet	topi keledar
uniform	pakaian seragam

fire (emergency)	kebakaran
emergency exit (in building)	laluan kecemasan
fire alarm	penggera kebakaran
fire extinguisher	alat pemadam api
police station	balai polis
state	negeri
region	rantau
capital	ibu negara
visitor	pelawat
emergency room	bilik kecemasan
intensive care unit	unit rawatan rapi
outpatient	pesakit luar
waiting room	bilik menunggu
aspirin	aspirin
sleeping pill	pil tidur
expiry date	tarikh luput
dosage	dos
cough syrup	sirap batuk
side effect	kesan sampingan
insulin	insulin
powder	serbuk
capsule	kapsul
vitamin	vitamin
infusion	infusi
painkiller	ubat tahan sakit

antibiotics	antibiotik
inhaler	alat sedut
bacterium	bakteria
virus	virus
heart attack	serangan jantung
diarrhea	cirit-birit
diabetes	diabetes
stroke	strok
asthma	asma
cancer	kanser
nausea	loya
flu	demam selesema
toothache	sakit gigi
sunburn	selaran matahari
poisoning	keracunan
sore throat	sakit tekak
hay fever	demam alergi
stomach ache	sakit perut
infection	jangkitan
allergy	alahan
cramp	kejang
nosebleed	hidung berdarah
headache	sakit kepala
spray	semburan
syringe (tool)	picagari

1851 - 1875

needle	jarum
dental brace	pendakap gigi
crutch	topang ketiak
X-ray photograph	gambar X-ray
ultrasound machine	mesin ultrabunyi
plaster	plaster
bandage	pembalut
wheelchair	kerusi roda
blood test	ujian darah
cast	acuan ortopedik
fever thermometer	termometer demam
pulse	nadi
injury	kecederaan
emergency	kecemasan
concussion	konkusi
suture	jahitan
burn	melecur
fracture	tulang patah
meditation	meditasi
massage	urut
birth control pill	pil kawalan kehamilan
pregnancy test	ujian kehamilan
tax	cukai
meeting room	bilik mesyuarat
business card	kad perniagaan

1876 - 1900

IT	IT
human resources	sumber manusia
legal department	jabatan undang-undang
accounting	perakaunan
marketing	pemasaran
sales	jualan
colleague	rakan sekerja
employer	majikan
employee	pekerja
note (information)	nota
presentation	pembentangan
folder (physical)	folder
rubber stamp	cap getah
projector	projektor
text message	mesej teks
parcel	bungkusan
stamp	setem
envelope	sampul surat
prime minister	perdana menteri
pharmacist	ahli farmasi
firefighter	ahli bomba
dentist	doktor gigi
entrepreneur	usahawan
politician	ahli politik
programmer	pengatur cara

1901 - 1925

stewardess	pramugari
scientist	saintis
kindergarten teacher	guru tadika
architect	arkitek
accountant	akauntan
consultant	perunding
prosecutor	pendakwa raya
general manager	pengurus besar
bodyguard	pengawal peribadi
landlord	tuan tanah
conductor	konduktor
waiter	pelayan
security guard	pengawal keselamatan
soldier	askar
fisherman	nelayan
cleaner	tukang cuci
plumber	tukang paip
electrician	juruelektrik
farmer	petani
receptionist	penyambut tetamu
postman	posmen
cashier	juruwang
hairdresser	pendandan rambut
author	penulis
journalist	wartawan

1926 - 1950

photographer	jurugambar
thief	pencuri
lifeguard	penyelamat
singer	penyanyi
musician	ahli muzik
actor	pelakon
reporter	wartawan
coach (sport)	jurulatih
referee	pengadil
folder (computer)	folder
browser	pelayar
network	rangkaian
smartphone	telefon pintar
earphone	fon telinga
mouse (computer)	tetikus
keyboard (computer)	papan kekunci
hard drive	cakera keras
USB stick	pemacu USB
scanner	mesin pengimbas
printer	mesin pencetak
screen (computer)	skrin
laptop	komputer riba
fingerprint	cap jari
suspect	suspek
defendant	defendan

1951 - 1975

investment	pelaburan
stock exchange	bursa saham
share	saham
dividend	dividen
pound	pound
euro	euro
yen	yen
yuan	yuan
dollar	dolar
note (money)	wang kertas
coin	syiling
interest	faedah
loan	pinjaman
account number	nombor akaun
bank account	akaun bank
world record	rekod dunia
stopwatch	jam randik
medal	pingat
cup (trophy)	piala
robot	robot
cable	kabel
plug	plag kuasa
loudspeaker	pembesar suara
vase	pasu
lighter	pemetik api

package	pakej
tin	tin
water bottle	botol air
candle	lilin
torch	lampu suluh
cigarette	rokok
cigar	cerut
compass	kompas
stockbroker	broker saham
barkeeper	pelayan bar
gardener	tukang kebun
mechanic	mekanik
carpenter	tukang kayu
butcher	penjual daging
priest	paderi
monk	biarawan
nun	biarawati
dancer	penari
director	pengarah
camera operator	jurukamera
midwife	bidan
lorry driver	pemandu lori
tailor	tukang jahit
librarian	pustakawan
vet	doktor haiwan

Made in the USA
Monee, IL
13 May 2022